JUSTICE ET GRACES

IMPLORÉES

PRÈS LE ROI DES FRANÇAIS

Sous la puissante intercession de la Femme,

A CE SUJET TRÈS-INSTAMMENT INVOQUÉE;

AVIS PRÉPARATOIRE

EXPÉDIÉ

Tant d'une part que de l'autre, par la voie populaire.

(*Vox populi, vox Dei.*)

« *Tremenda nulla justo.* »
(Cadr. sol., Mon Rle, Chon.)

Par Gabriel BERNARD,
de Dijon.

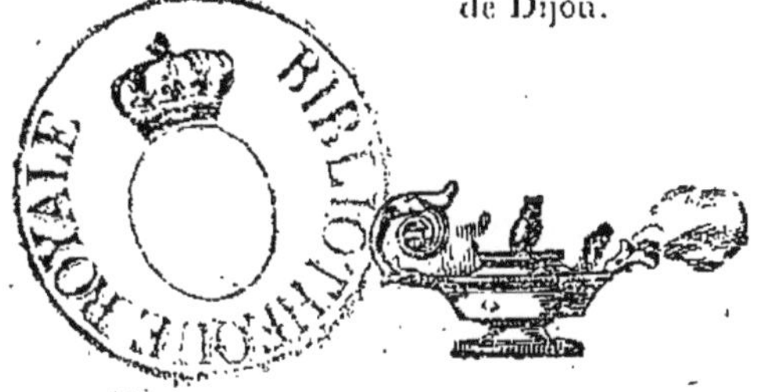

A PARIS,

CHEZ LEDOYEN, LIBRAIRE,

PALAIS-ROYAL, GALERIE D'ORLÉANS, N° 33.

—

· JUIN 1832.

Ferme dans ses desseins, le juste ne craindra
Ni d'un peuple exigeant la fougue délirante,
. Ni du tyran bravé la face intolérante :
Impassible, son âme en paix le maintiendra ;
.Le gouffre ouvert..... la foudre est là sans qu'il pâlisse.
        Que l'univers troublé,
        Le chaos l'engloutisse.....
        Il n'aura point tremblé.

Hor. liv. 3, od. 3.
(Mot à mot du 19e siècle.)

Loin d'être menacé du courroux des lois, le contrefacteur, au contraire, est instamment sollicité de reproduire activement le présent avis, tout au gré de son intérêt ; pourvu qu'il ne soit point copiste infidèle, *seul cas formellement révocatoire de l'indulgence;* il peut, même sans s'arrêter aux scrupules d'une reconnaissance consciencieuse, profiter des formalités remplies qui lui garantissent pleine sécurité.

———————⋙๑๑⋘———————

PARIS, IMPRIMERIE DE DECOURCHANT,
Rue d'Erfurth, n° 1, près de l'Abbaye.

JUILLET !!! !!
JUIN ¡ ¡ ¡ ¡ ¡ ¡ ¡ ¡ ¡ ¡ ¡ ¡ ¡

Avis à l'impatience.

Chose propre, République;
Egoïsme, Liberté.

Objets précieux, approfondis en l'essence.

« Naturâ ducimur ad modos. »
(Cic.)

Courage! BRAVE FRANÇAIS, courage! O magnanimité! rien ne vous coûte pour aviver *le phare des
nations!* Toutes mûres considérations, tout jugement
raisonné ne sont que purs indices; l'expérience seule
fonde la science exacte. Vous connaissez aujourd'hui
la différence des 5 et 6 juin aux 27, 28 et 29 juillet!
La moindre réflexion maintenant suffit pour vous en
rendre palpables tous les pourquoi.

L'univers est parfait : Tout-en-un, rien n'y manque : point de défaut! Il est donc réellement : toute,
actuelle en lui-même, son essence n'en peut sortir.

Voilà la PROPRIÉTÉ *absolue*, la CHOSE vraiment PRO-
PRE.

Mais les parties constitutives de cette ESSENCE, ces
parties dont la substance, jusqu'en ses moindres atomes, est éternellement mouvante pour fonder la VIE de
l'ÊTRE, la vie indispensable en la perfection! ces parties toujours errantes, forcées de quêter cette substance
hors d'elles-mêmes, changeant incessamment et de vo-
lume et d'aspect, en leurs trafics perpétuels, en leur
confusion nécessaire : la VIE est une mutation spon-
tanée et non interrompue de *matières*, de *formes* et
de *situation*. Ces parties, dis-je, évidemment ne SONT
point : *elles existent*. Cette existence simplement
virtuelle, toute précaire pour chacune, qu'elles ne
peuvent obtenir que les unes des autres, est bien réellement leur propriété, mais totalement *relative et com-
mune*. Cette propriété est la CHOSE PUBLIQUE, pour
traduire mot-à-mot les racines dont la confusion nous
a fourni le mot *simplement francisé* RÉPUBLIQUE.

ÊTRE est la PERFECTION, exister l'imperfection.

L'ÊTRE chérit sa PERFECTION. D'une ardeur tout
égale, il chérit, comme y étant nécessaire, chacun
des atomes dont elle se constitue : il s'y concentre tout
entier, s'y contemple, et, de chacun de ces points ma-
thématiques de l'Univers infini, retentit le mot MOI qu'il
y prononce incessamment d'une voix de tonnerre : c'est
le cri triomphal arraché par le sentiment ineffable de
la perfection éclairée de tout l'éclat de sa gloire.

Ce sentiment sublime, inoculé de la sorte en la
brute, s'identifie en elle et n'en franchit point les li-
mites individuelles : dans l'exercice de sa liberté, de la
LIBERTÉ, propriété *tout individuelle* qui, l'essence

même du mouvement, conséquemment de la vie, n'est autre chose que la faculté de mouvoir en tous sens indistinctement ; la brute, en cet exercice, sans proférer explicitement ce MOI superbe, le montre évidemment implicite en tous ses actes : sans nul égard, sans procédé ni ménagement pour aucune autre part d'existence, de liberté, que celle dont elle jouit, la brute franchit l'espace, suivant aveuglément la direction propre à la vitesse qui lui fut imprimée ; et, tout arrogante en l'usage de la force qu'elle en obtient, elle choque, culbute, pulvérise tout à tort et à travers, quoi qui puisse s'opposer à son passage ; si toutefois des forces plus grandes, forces *toutes d'emprunt* comme la sienne, à part la simple force d'INERTIE *essentielle* en toute masse, à moins, dis-je, que d'autres forces majeures, en réprimant ces impertinences, ne la réduisent à cette seule FORCE *légitime ;* à moins que des masses et plus denses et plus volumineuses né la punissent de sa vanité en la brésillant elle-même.

La GÉNÉRATION et la DESTRUCTION sont deux leviers dont les mouvemens éternels opèrent la vie de l'ÊTRE : la perfection a deux aspects, TOUT ou RIEN. La réalité de TOUT rend absurde celle du NÉANT lui-même imaginaire à jamais. La DESTRUCTION, seule vraisemblable avenue de ce but illusoire, n'en est pas moins réelle ; ses actes opposés aux procédés *conservateurs* sont offerts en la même balance aux choix de la LIBERTÉ *raisonnée.*

La conservation des grands corps de l'Univers résulte des dispositions immédiates de la sublime INTELLIGENCE inhérente en l'ÊTRE-TOUT : masses compactes d'inertie, corps bruts immenses, les Mondes lancés dans l'espace y sont aveuglément gouvernés par les forces mêmes imprimées en chacun ; et, de la sublime combinaison, de la réciproque action de ces forces résulte le majestueux spectacle de mouvemens gigantesques que la bruterie ne peut ni confondre ni empêcher d'être *indéfiniment* perpétuels en des corps circulant avec d'effroyables vitesses et en nombre infini, tout à travers les uns des autres, sans le moindre dommage !

Quant à la conservation des petits corps immédiatement enchaînés sous la puissance actuelle de la force d'inertie même de chaque monde, les mouvemens permis à ces atomes en des liens si étroits ne pouvant être notoirement dommageables, ils y sont livrés à toutes les chances du hasard ; sauf néanmoins à *la liberté intellectuelle* de ceux d'entre ces corpuscules que la nature y favorisa d'un INTELLECT, à se déterminer, pour le réglement de tous leurs rapports, rapports dont le mode est entièrement subordonné au jugement suprême de ces êtres privilégiés ; sauf, dis-je, à ces arbitres-nés, de choisir soit la DESTRUCTION soit la CONSERVATION pour servir de base à leur système adoptif de gouvernement absolu. Et, dans le cas que leur liberté se détermine en faveur du dernier de ces partis, la RAISON offre à ces judicieux dictateurs de les éclairer de son flambeau sur toutes les erres de l'INTELLIGENCE, en l'usage des sublimes recettes, fondemens d'aussi parfaits résultats ; résultats merveilleux ! dont l'immense, dont l'imposant échantillon reste constamment étalé sous leurs regards. Il serait, par ce moyen, très-loisible à notre monde de se montrer vraiment digne du surnom de *Microcosme* (Univers en miniature) dont il se décora tout en naissant.

Voici, FRANÇAIS, de nouveaux *indices* en votre noble tâche d'éclairer le monde; mais ici, point de fatigue pour vous: 60 SIÈCLES D'ÉPREUVES sont là pour donner du poids à vos libérales propositions.

Par GABRIEL BERNARD, de Dijon.

Paris, 7 juin 1832.

Bureau
de
Vincennes.

EXTRAIT

DU REGISTRE des actes civils

du Bureau de Vincennes.

Du 4 mars 1815, enregistré, procuration par Gabriel Bernard, propriétaire à Dijon,

A J.-B.^{le} Amiot,

Pour recevoir.

Passé devant Finot, notaire à Charenton, le 2 mars 1815.

Recu un franc, ci. . . . 1 fr.

Pour extrait conforme :

Le Receveur de l'enregistrement.

Signé BAILLY.

Au dos est écrit :

Nota. Le certificat d'autre part n'est ici qu'un témoignage irréfragable d'un FAUX MATÉRIEL : la procuration y constatée fut un acte *en gestion d'une tutelle* dont la libération ne date que du 20 août 1821, suivant la décharge des pupilles alors majeures.

Conséquemment, tout ACTE PARÉ de date antérieure par lequel le nom GABRIEL BERNARD (*ci-gérant*) serait censé frappé d'INTERDIT, doit nécessairement figurer *aux mêmes registres* avec les *actes* d'un TUTEUR EN PLEIN EXERCICE sous ce nom : *Thémis n'est pas moins aveugle sur les intérêts des fauteurs que sur ceux des victimes des forfaits provoqués sous son glaive.*

En 1791, l'an 1er de la république, échappé cette année même des lisières de la minorité, Gabriel Bernard, en présence de ses concitoyens rassemblés, eut le bonheur, après leur avoir bien signalé le serpent d'intrigue distillant ses venins de toutes parts pour la ruine d'une république dont le germe était encore caché *sous le signe de la Balance,* eut le bonheur de saisir l'odieux reptile se refourrant précipitamment en l'un de ses ténébreux repaires ; puis, le pressant avec force au défaut des ouies, de le contraindre, aux regards émerveillés de tous, à se dépouiller de lui-même jusque de la dernière goutte des venins pestilentiels dont, chacun de son côté, *tout le monde s'empresse de lui apprêter amples provisions.*

Cette opération *aussi aisément terminée,* la vipère, qui passa de main en main, douce alors comme un agneau, fut déclarée d'une voix unanime *absolument incapable de nuire sans les secours que trop maladroitement on lui prodigue en ses abominables maléfices.*

Cette heureuse découverte fut célébrée par une illumination.

Mais l'*immortel* reptile avait été remis en liberté ; il n'oublia point le morveux qui lui avait fait cette niche ; il attendit sa belle pour ses représailles sur l'espiègle ; le Ciel lui-même la lui fournit en l'an 5.

Une gelée de printemps *stérilise* tout vignoble, et, à l'ouverture de la moisson, une trombe *gratifie particulièrement* Gabriel Bernard d'une nuée vomissant sur toute l'étendue de son exploitation *exclusivement* (connaisseur, il avait fui toute ouverture à la représentation nationale, où l'intrigue s'efforçait de l'entraîner : propriétaire rural, il était laboureur alors), d'une nuée vomissant d'énormes glaçons qui, dans l'espace de quinze minutes, en mettant à découvert son domestique comme son aire et son bétail, ravalent au niveau du sol, avec lequel ils les broient, les produits quelconques de son territoire.

Ce fut alors que d'inouïes forfaitures se machinèrent.

Le misérable grêlé, épuisé d'avances pour ses vignes, de frais pour de grandes améliorations en la fertilité de ses terres, et pour réparations à peine terminées en ses bâtimens; cet infortuné, poursuivi l'épée aux reins pour l'acquit de ses contributions, éprouve une banqueroute qui lui enlève une somme précisément liquide alors et bien excédante pour boucher ces trous; il est jeté en prison, tandis que sa femme est en couches à la ville; et, ressortant de là trois jours après, il ne retrouve chez lui que le seul meuble où étaient ses papiers, et à l'enlèvement duquel son opposition obstinée lors d'une vente faite en contravention à toute plus précise loi, avait été le prétexte de l'incarcération. Il ouvre ce meuble; il en retire la QUITTANCE (représentée en sa mémoire dans le calme de la prison), la quittance du RECEVEUR *même* au nom duquel les soi-disant ministres de la justice *ont dépouillé le cultivateur frappé de fléaux ruineux, non-seulement de tous bestiaux et instrumens aratoires, mais même jusque des pailles hachées par la grêle qu'il avait pu ramasser et mettre à couvert;* et cela pour le contraindre au paiement d'une somme, suivant cette quittance, payée *un an plus tôt,* pour profiter du bénéfice d'une loi donnant la faculté de se libérer ainsi *en mandats au pair.*

Cette pièce est représentée au *complaisant* prête-nom en l'exécution de tant d'horreurs; celui-ci, *vi-*

goureux et bien portant alors, rembourse tranquille-ment la somme extorquée ; mais, dans l'an même, ce robuste maréchal-ferrant, vrai Cyclope de 45 ans en-viron, meurt *consumé de phthisie*.

Quant à la victime de forfaits aussi manifestes, per-sonne, de ce moment, ne fit semblant de soupçonner seulement qu'elle pût en rien s'en croire lésée : en vain, jusqu'à ce jour, le malheureux accablé de tant de maux, les reproduit incessamment à tous les regards ; en vain, confondant le sophisme, il porte en l'âme de chacun l'intime conviction que, par l'effet même de sa propre volonté, nul ne peut trouver le moindre abri contre de pareils désastres imminens sur la tête de chacun sans exception : tous conviennent de cette effroyable vérité ; mais s'agit-il de relever de la fange où ils croupissent quelqu'une de ces victimes volontaires ? la main qu'on lui prend pour l'aider, le bras et tout le corps ne sont plus qu'une masse de chairs molles et flasques, comme par suite de cette épouvantable ma-ladie nommée le *diabétès sucré*.

Par là, sans peine, on peut juger de l'action fou-droyante des venins que l'on se plaît à prodiguer à l'Intrigue, et de la folie de prétendre, tout en conti-nuant de l'en soûler, pouvoir combattre et vaincre ce serpent ; tandis que, par chacune de ses écailles, il distille soit l'affreuse léthargie, soit la mort subite ! Non, l'Intrigue est irréductible *de vive force :* jamais on n'en triomphera que *par famine ;* ce serait si aisé ! que chacun, au lieu de l'en gorger, *la sèvre impi-toyablement* de ses alimens favoris.

Voilà ce dont il importe essentiellement au peuple d'acquérir l'intime conviction : « Le bonhomme a tout dit ! » s'écria Fontenelle en refermant les OEuvres de Lafontaine ; et Fontenelle s'y connaissait ! tout plaidoyer dès-lors eût dû être rejeté : le peuple est la Cour suprême à la barre de laquelle sa propre cause est débattue ; et Lafontaine, institué d'office par le Ciel, y tint le siége d'avocat-général en cette affaire. Que l'exposé de Lafontaine soit donc *exclusivement* l'objet des méditations du peuple *enfin* recueilli pour arrêter sa sentence ; qu'*enfin* aussi, pénétré tout autant et de ses vrais intérêts et de sa réelle majesté, ce SOUVERAIN TRIBUNAL repousse avec mépris ces *sottes clabauderies* qui, depuis un siècle, ne tendent qu'à *esquiver* le coup de son jugement : son oreille dorénavant ne doit plus s'ouvrir qu'aux avis *francs, simples et laconiques*, évidemment capables, en resserrant encore les élémens de tous moyens éclos depuis l'origine de la procédure, résumés par son avocat-général, de l'aider à en déduire une conclusion claire, précise, conforme en tout aux *conseils de la raison.*

AU ROI DES FRANÇAIS.

« Solutus inter vos ab omni peccato primùm
» in illam lapidem injiciat.

(*Le Philos. naz.*)

AH SIRE ! deux grâces ? Tout autant l'une que l'autre, elles sont dignes de la GRANDE AME DE LOUIS-PHILIPPE ! Deux grâces avec un acte de justice ?

1° Vu le certificat joint, et l'imprimé sous le titre JUILLET, JUIN, *Avis à l'impatience* (le prix en a été arrêté, saisi des mains du commissionnaire chargé d'en acquitter les frais),

Plaise à VOTRE MAJESTÉ ORDONNER :

Que tous bruits tendant à infirmer les droits civils du suppliant s'anéantissent à l'instant même, attendu qu'ils sont *faux et calomnieux* ;

Faisant défense expresse à tout porteur de titres quelconques contraires en aucune manière à l'exercice des droits susdits, d'en faire dorénavant le moindre usage ; attendu la *fraude* et la *fausseté notoires* en leur production, nonobstant toutes apparences légales et juridiques dont ces actes *perfides et vains* puissent être parés.

Et ferez JUSTICE, justice évidemment possible à VOTRE MAJESTÉ seule !

2° Quant aux forfaitures qui, depuis trente-cinq

ans, paralysent sourdement les facultés industrielles d'un bon citoyen ; qui, depuis dix-neuf ans, jugées trop faibles pour l'enchaîner complètement, l'enveloppent encore, et *tout à son insu,* dans les infâmes vapeurs de la démence ;

Quant à ces horreurs, ô SIRE ! daigne VOTRE MAJESTÉ ne point désirer d'en soulever le voile : GRACE, grâce plénière ! Ce même cri, sur le même sujet, se fit entendre déjà retentissant aux oreilles de CHARLES X, comme il rentrait au palais, de la cérémonie de son sacre.

« Oui, y fut-il ajouté,

« *Credo, credo certè in remissionem peccatorum,*
» *Totidem et in resurrectionem mortuorum.....*
» *Et in vitam venientis sæculi.....* »

Ma confiance n'a point été déçue : le Ciel a daigné permettre que la clef de CE SIÈCLE D'ESPÉRANCE fût authentiquement déposée en MAIN SURE ! et mes cris ne s'évanouiront point ici comme aux oreilles du pauvre CHARLES.

C'est pourquoi, toujours inébranlable en ma croyance,

Je supplie VOTRE MAJESTÉ, SIRE, de vouloir bien permettre

Qu'un INTERDIT,... *sous la cheminée,*

Soit réhabilité *sans formes de procès..*

Et ferez GRACE.

L'objet de ma troisième prière n'est pas moins digne de toute l'attention de VOTRE *philanthrope et libérale* MAJESTÉ.

3° GRACE ! GRACE encore, SIRE !

Résumé général, absolu des sentimens particuliers de tous, l'OPINION *virtuellement* SOUVERAINE est AUTOCRATE ; ses édits sont *actuels,* leurs effets soudains et spontanés ; c'est le lien mental, *métaphysique, si l'on aime mieux*, qui, de toutes les volontés *séparées* du monde, ne formant qu'*une seule et même volonté*, soumet irrésistiblement tout *caprice* individuel à la somme *exactement prépondérante* des caprices scrupuleusement balancés de tous ; c'est l'obstacle que la nature oppose aux progrès de l'erreur, en faveur des triomphes de la raison : « *Cujusvis error est,* dit Cicéron, *nullius* » *nisi insipientis persistere in errore.* » C'est, en un mot, le ciment *spirituel* dont l'invincible tenacité agglutinant entre eux tous les matériaux *physiques* du monde sans exception, n'en forme qu'*un seul et même* CORPS MORAL, en réduisant la LIBERTÉ INDIVIDUELLE à la stricte mesure qu'en a donnée J.-J. ROUSSEAU : « Je veux être » libre, disait-il, non de faire *tout ce que je veux,* » mais *de toute contrainte* en ce que je ne veux pas. »

L'INTRIGUE au contraire est l'art de *contraindre* les LIBERTÉS INDIVIDUELLES en tout ce que leur défend l'impérieuse OPINION : cet art infernal est celui *des complots;* complots au surplus *nécessairement éphémères :* moyennant la sentence ci-dessus (« *cujusvis,* etc.») moyennant aussi le « *Quot capitum vivunt, totidem stu-* » *diorum millia* (d'Horace) , » le germe de tout complot *constitué des élémens mêmes de sa propre ruine*, tarde peu de se dessécher et de tomber en poudre.

Séduite en naissant par l'INTRIGUE, la SOUVERAINE OPINION en fit *son ministre plénipotentiaire*, mais, à la faveur de sa carte-blanche, cette vipère *emmiellée* inonda tout de ses venins. Les élémens de l'opinion divisés, tous ses ressorts confondus ne montrèrent de toutes parts que forces opposées, que combats acharnés, que destruction perpétuelle ; et le monde, le monde *indivisible* en sa masse particulière ! le monde vit ses propres membres se grouper çà et là, se ruer les uns sur les autres et s'exterminer à qui mieux mieux sur *la couche nourricière* du globe leur servant d'appui pour leurs mouvemens ! du globe dont la fécondité *prodigue*, dont la consistance indissoluble leur assure l'existence ! du globe, dont néanmoins *ils prétendent se faire entre eux le partage*, partage *frauduleux ! frustratoire !* non moins inégal qu'illégal ! moyennant quelques marques superficielles dont le zéphir ou la moindre rosée suffit pour effacer les traces ! Et le monde dès-lors n'est plus qu'un chaos, qu'un effroyable gouffre où tout se précipite à corps perdu comme impétueusement jaloux d'atteindre à l'absurde néant dont la vaine image vacillante au fond du cratère les aurait séduits.

Et voilà la TYRANNIE : la SOUVERAINE, trop paresseuse pour exercer par elle-même la toute-puissance, son partage exclusif, en commettant ainsi tous ses droits en des mains perverses, a transformé son empire *nécessairement protecteur*, en un abîme sans fond, ruine perpétuelle de ses sujets invinciblement enchaînés sous sa puissance.

Point d'autre TYRAN donc que l'OPINION elle-même !
et ses volontés sont *irrémissibles !*

Cependant la souveraine peut être retirée de son apathie : il suffit de la convaincre de la réalité des désastres qui en résultent ; alors, gérant *par elle-même*, le monde n'aura plus qu'à se louer des douceurs et des bienfaits de son règne.

Mais aussi quelle tâche à entreprendre ! Les élémens de l'opinion sont innombrables ! l'intrigue en a tellement perverti les organes ! et leur perversité leur semble d'autant plus respectable, d'autant plus inviolable, qu'elle leur fut intimée sous le nom sacré de l'OPINION. C'est donc au nom de l'opinion même qu'il faut se déterminer à *paraître* faire la guerre, tout en ne combattant réellement que l'intrigue, son indigne favorite dont elle est devenue l'esclave ! et, malheur bien plus déplorable ! cet exécrable ennemi ne peut être vaincu qu'*avec ses propres armes !*

N'importe, la MAGNANIMITÉ FRANÇAISE ne peut reculer en face des périls d'une aussi libérale entreprise : béni soit l'horrible massacre dont l'effroi sera capable d'affranchir le monde des massacres *perpétuels* dont il est le théâtre !

Par un effort sublime, le FRANÇAIS tout-à-coup rompt les fers de la tyrannie ! d'un bras vigoureux, il en lance les débris à travers tous les peuples stupéfaits d'étonnement ! L'OPINION en est ébranlée ! mais, retombant bientôt en son habituel assoupissement, l'intrigue en profite en hâte pour réparer, au moyen de ses précautions de vieille date, ce dérangement inopinément survenu en ses propres affaires ; dérangement que ses *puissantes* ressources lui font voir léger et totalement méprisable.

Pour en venir à ses fins, l'intrigue avait eu soin de bien aveugler THÉMIS : lui couvrir les yeux *d'un épais bandeau*, l'asseoir sur *un dé à jouer*, lui mettre *une balance* en une main, *un glaive meurtrier* de l'autre, avec ordre exprès, de par l'OPINION, de massacrer impitoyablement tout ce qui, par les *bruts* mouvemens du fléau, lui serait déclaré *contrepoids insuffisant*. Telles furent les premières de toutes les opérations de l'intrigue ; et Thémis, de par l'opinion toujours, devint l'*unique idole*, la divinité consacrée au culte exclusif du monde.

Fidèle en son système d'anéantissement de toute véritable puissance, en démembrant le peuple, n'ayant pu étouffer en chaque coupon l'*opinion instinctuelle* qui y veut UN CHEF pour en utiliser les forces, en économiser, en multiplier les ressources par une sage direction, par une distribution équitable, l'intrigue s'empara de tous ces princes, et, les comprimant irrésistiblement sous des ligatures *invisibles*, elle se fit, de ces momies vivantes, des mannequins dont elle fixe l'attitude elle-même, dont elle dirige tous les mouvemens.

Ainsi, tout au gré de l'intrigue, les nations croyant obéir aux indications de leurs PROCUREURS FONDÉS pour le recensement de *leurs volontés propres*, les nations de toutes parts se précipitèrent pour laver dans la dernière goutte du sang français, l'impudente audace d'une nation rebelle aux suprêmes volontés de l'OPINION.

Sans s'en émouvoir, le FRANÇAIS soutint ce choc terrible ; impassible aux dommages lui en résultant particulièrement sous le fer assassin de Thémis, les efforts prodigieux de sa magnanimité firent constamment tourner à son profit la somme des turbulentes oscillations du fléau de la déesse aveugle ; du fléau pliant sans cesse sous le faix des masses énormes que l'intrigue s'empressait de rejeter sans relâche en celui des bassins qu'elle s'était choisi. Enfin, écrasée sous le poids de triomphes de plus en plus notables, accumulés durant vingt-six ans consécutifs ; triomphes dont l'éclat, sans être capable d'arracher l'opinion à son indolence, la tint néanmoins *constamment éveillée, soucieuse et pensive ;* l'intrigue réduite aux abois, dans l'excès de son désespoir, usant de sa ressource *la plus extrême,* de celle qui, de toutes, lui inspira toujours le plus d'horreur ! Elle qui ne subsiste que de discorde et de divisions, elle démaillotta, *pour un instant,* les Rois, ses ilotes, en *feignant* d'abandonner aux soins de leur conseil, de leur sagesse concertée en masse, la conduite ultérieure du monde, désormais trop difficultueuse pour ses propres moyens. Et, réellement, bien que ce ne fût là que pure farce, les Rois assemblés, par une alliance *solennellement proclamée nécessaire,* les Rois, bien convaincus de l'*indivisible unité* du monde, jetèrent et cimentèrent les indissolubles fondemens d'un gouvernement *vraiment saint,* puisque la réciprocité générale au service des intérêts particuliers en est la base sacrée.

L'intrigue, en sa comédie, *n'avait besoin que de cette première scène naturelle :* soudain son rideau retombe et ses caryatides habituelles soigneusement renfilées, chacune en sa gaîne, sont solidement groupées en un seul et même fagot, *sous le lien même que, de leurs propres mains, elles viennent de retordre, de câbler ensemble.* Et toute fière de pouvoir, à la faveur de ce groupe majestueux, où se concentre la confiance de tous, manœuvrer de concert toutes les forces dont cette confiance est l'unique mobile; sans s'apercevoir que ce concert même *ouvre en ses mains la source radicale de sa propre ruine;* l'intrigue espérant en finir tout d'un coup, ramène contre le Français toutes ces masses *en bloc* pour effacer le nom de ce peuple de dessus la terre.

Mais la vertu française est trop solidement confirmée, elle est trop bien aguerrie pour s'intimider soit du nombre, soit du bruit : le Français, suivant sa coutume, triomphe de toutes forces majeures *purement physiques* qui lui sont opposées ! Ce ne fut qu'après avoir été contrainte d'ajouter à ces forces colossales les secours de tout ce que, dans le monde, la fourbe la plus atroce put jamais enfanter de stratagèmes abominables, que l'intrigue, à la fin, sans pouvoir vaincre le Français, et bien moins le détruire, *comme elle en nourrit encore le fol espoir,* parvint néanmoins à le surprendre, à le recharger, à le surcharger non-seulement des fers particuliers qu'il avait rompus, mais encore de toutes les chaînes pourrissant depuis des siècles en ses basses-fosses; de l'ordre exprès de l'opinion *offusquée de leur usage.*

Ainsi comprimée, l'énergie nationale n'en acquit qu'une fermeté plus grande en sa trempe : patient en son nouvel esclavage, durant quinze ans le Français se contenta de *porter le flambeau de la raison* sur les atroces violations de toutes libertés individuelles, invoquant l'opinion pour qu'elle en fît justice. Mais, ses supplications restant toujours infructueuses, pour bien convaincre la souveraine de l'incapacité des mains perfides entre lesquelles elle a commis tous ses pouvoirs, d'un seul tour de poignet le Français tout de nouveau s'affranchit de cette ferraille rongée de rouille dont il devait paraître accablé bien plus encore qu'aucun autre peuple ; et, pour porter en cette *seconde* expérience, la conviction à son plus haut degré, le Français majestueux s'avance en présence de l'opinion en personne, jusqu'auprès de son indigne favorite assise à ses pieds, et à la face de laquelle il jette avec mépris, non-seulement les débris de ses fers impuissans, mais encore les *sanglans leviers* dont l'usage odieux, dont la *facile conquête* lui avaient encore été tout indispensables pour les pulvériser : moyennant d'aussi fortes preuves, quiconque est en état de les produire sent parfaitement qu'elles doivent être triomphantes, et que l'intrigue désormais est incapable de le contraindre de nouveau à déployer contre elle *aucun effort physique.*

Et en effet, l'opinion émue sort à cet aspect de son état de torpeur habituelle ; elle paraît décidée à reprendre elle-même en main les rênes de son empire ; et, par un coup d'œil gracieux qu'elle arrête complaisamment sur la France, la souveraine semble indiquer que c'est là qu'elle prétend *poser les fondemens* de son trône auguste. En attendant, SIRE, elle eut la bonté de désigner votre AUGUSTE PERSONNE comme *la seule* digne d'être son fidèle interprète et de pourvoir à tous convenables préparatifs pour recevoir un tel honneur. Ainsi, la France fortunée ne doit plus s'appliquer désormais qu'en la douce tâche de seconder les efforts de V. M. libérale *quant aux dispositions intérieures* indispensables sous le régime pur de l'opinion ; dispositions devant surtout s'effectuer sous la protection d'une paix inaltérable, grâce aux soins que VOTRE GÉNIE TUTÉLAIRE sait diriger *au dehors* pour y déjouer toutes les menées de l'intrigue, de l'intrigue malheureusement encore investie de ses pleins-pouvoirs sur *tous* les pays de la terre !

Mais, SIRE, vous ne le savez que trop ! parmi les citoyens français, dans la jeunesse principalement, combien d'individus que l'inexpérience met absolument hors d'état d'apprécier l'heureuse, la majestueuse position de leur pays ! Nés pour la plupart au milieu des prodiges *matériellement* victorieux, qui, foudroyant les masses lancées par l'intrigue, ne furent que l'heureux présage de l'ouverture enfin conquise pour l'accès au vrai bonheur; ces *purs* Français ne connaissent que les mots HONNEUR *et* PATRIE ! sans se douter que ce sont là les deux plus puissans talismans que l'intrigue ait jamais su composer pour *contenir les peuples en les chaînes qu'elle leur avait respectivement imposées,* ces inconsidérés répètent sans cesse ces mots qu'ils balbutièrent les premiers en quittant la mamelle, et nourris de l'enthousiasme inspiré par les succès (contre l'intrigue) des moyens déployés sous leurs yeux, *totalement propres à l'intrigue elle - même,* à l'intrigue dont l'astuce et la profonde perversité s'appliquent *spécialement* à circonvenir ces âmes neuves et ardentes; ces patriotes impatiens qui brisèrent le joug de fer qui leur fut imposé en perdant les doux fruits des travaux de leurs aînés ; ces patriotes volcaniques, persuadés que la conquête était décidément couronnée par leur dernier effort, trop impatiens de se voir entièrement lavés des rouilles de la tyrannie, purent-ils soup-

çonner que la conquête qu'ils venaient de faire d'un
ROI DES FRANÇAIS ne fût qu'un simple octroi *d'ho-
mologation* de la sentence *arbitrále* en instance, sur
la faculté, depuis tant de temps justifiée, de produire
un défenseur valable en COUR SOUVERAINE D'OPINION
pour, subissant toutes les entraves des formes judi-
ciaires, y débattre et justifier pleinement leur cause
contre l'intrigue encore toute-puissante? leur cause devant y subir toutes les lenteurs habituelles de THÉMIS!
de Thémis, *toujours aveuglée sous son bandeau!* pen-
saient-ils que ce REPRÉSENTANT GÉNÉRAL de la
France, *enfin légitimé,* dût, jusqu'à pleine définition de
procédure, respectueusement prosterné pour eux au
pied du tribunal suprême, *retenir et présenter de chaque
main* les deux bouts de la chaîne rompue de la France,
tout prêts à être raccrochés de nouveau selon le bon
plaisir de l'UNIVERSELLE LÉGISLATRICE? Ces patriotes
aveuglés par l'ardeur même de leur dévoûment ne
voient que l'image, ne rêvent qu'à l'établissement
d'*une république en la patrie;* projet insensé! concep-
tion tout absurde! Peut-il donc exister l'ombre seulement d'une république *particulière?* Tout ou rien!
L'esclavage dont le monde gémit dès son origine eut
pour cause le premier démembrement de la RÉPUBLI-
QUE; de la république à la fin réduite, comme nous la
voyons, en *poudre impalpable!*

Cette erreur, trop inévitable, hélas! fut, SIRE, la
cause unique des attentats récens de ces étourdis, attentats qui pouvaient perdre la France! qui pouvaient
ruiner la conquête de la liberté du monde! conquête
illustre qui n'attend plus qu'une ratification authen-
tique pour être irrévocable! Voilà, dis-je, la vraie

cause, bien excusable sans doute, des effroyables entreprises que l'énergique génie de la France a su rendre vaines.

SIRE, votre grande âme, votre âme citoyenne est navrée de toutes les plaies devenues nécessaires encore à la France pour ce nouveau mais trop cruel triomphe. V. M. en gémit d'autant plus amèrement que la France y perd ceux de ses soutiens qui, moyennant plus de lumières, eussent été le plus inébranlables! Le plus grand nombre a disparu sous le fer de Thémis. Sacrifice trop nécessaire, hélas! Mais, ô SIRE, que craindre désormais de ceux d'entre ces infortunés dont la foudre patriotique a ménagé l'existence? La leçon qu'ils en ont reçue, en les convainquant que les complots ne sont plus de saison là où l'opinion a fondé son tribunal, cette leçon terrible est bien suffisante, sans doute, pour fondre les acides de la verdeur, et porter tous les sucs de maturité dans les plus jeunes cerveaux. Au surplus, Votre Majesté le sait, *Quand Dieu a châtié ceux qu'il veut corriger, il lui est très-ordinaire de jeter les verges au feu.* En quels cas jamais l'exercice de cette équité divine put-il être opportun plus qu'ici?

Je me lève donc pour crier GRACE! GRACE! GRACE PLÉNIÈRE, SIRE! et je suis loin de craindre que ce cri puisse en rien offenser l'ouïe de V. M. toute paternelle. Votre âme généreuse, je le sais, est en une perplexité de toutes la plus critique : avocat défendeur contre l'intrigue terrassée, contre l'intrigue, atroce favorite de l'opinion qu'elle tyrannise! V. M., jusqu'à l'arrêt définitif, doit, par respect pour les souveraines prédilection, *s'enchaîner ellê-même*, comme sont enchaînés *de vive force* tous les autres ROIS, dans les

exécrables fers dont cette mégère les accable pour ty-
ranniser, sous leur nom, les peuples qui leur vouèrent
amour et pleine confiance. Néanmoins cette furie, *pour
masquer* ces effroyables ligatures sous l'éclat d'un
éblouissant vernis, a grand soin de réserver pompeuse-
ment aux ROIS le privilége *de faire grâce* aux con-
damnations que sa propre cruauté, que sa rage prononce ; mais sous la réserve *clandestinement* atroce que
jamais ils ne se permettent d'user de ce simulacre de
prérogative sans son aveu formel *sourdement intimé*.

C'est pourquoi j'invoque ici l'appui de la FEMME
pour donner du poids à mes ferventes supplications :
dans le principe, *inférieur à l'autre,* tant en nombre
qu'en force physique, ce SEXE succomba *tout le premier* sous les coups de l'intrigue ; et l'esclavage absolu
dans lequel il se vit alors contraint, entraîna l'asser-
vissement de la race entière dont ce sexe *est la source
unique*. Par plus de cent ans de triomphes consécutifs,
les belliqueuses Amazones crurent pouvoir affranchir
le monde ; mais, exclusivement née pour *la paix, la
concorde et la tendresse*, la femme guerrière dut nécessairement succomber. Néanmoins les succès et les
progrès des Amazones avaient imprimé dans l'âme de
l'intrigue une terreur telle que la joie de leur défaite
lui fit enfanter *l'une des sept merveilles* qui devait
éterniser les trophées de sa victoire.

Aujourd'hui que le sexe à qui les rixes sont naturelle-
ment *moins inconvenantes,* en terrassant l'intrigue avec
les armes propres à ce monstre, est parvenu à dégager
chez nous l'OPINION des entraves que l'intrigue lui impo-
sait ; pour confirmer le salut du monde, il suffit que la

femme rentre *spontanément* en l'exercice de la liberté individuelle inviolablement garantie par la nature *à ce sexe ainsi qu'à l'autre*. La FEMME convaincue qu'elle est capable de penser, de juger et d'agir; voilà soudain le conseil d'opinion rétabli au grand complet par le retour spontané de tous les membres qui l'avaient déserté dans la bénévole persuasion de la nullité absolue à laquelle *ils se croyaient* valablement condamnables *par les caprices de la force*. Et dès-lors, la FEMME aura réellement *écrasé la tête du serpent*, selon les glorieuses destinées réservées pour elle *seule*.

Quelle porte plus conforme aux douces, aux pacifiques destinations de la FEMME, pourrait s'ouvrir à elle pour son retour en l'exercice de sa pleine liberté, que la première épreuve qui lui en est ici proposée en une affectueuse protection soit de ses frères soit de ses propres enfans? Et c'est au sein de la FRANCE, de la FRANCE! FOYER GÉNÉRAL DES LUMIÈRES! que cette issue non moins délicieuse qu'aisée provoque, en son attrayante ouverture, l'exercice des doux penchans du SEXE LIBÉRATEUR!

J'ai l'honneur d'être et de votre libérale MAJESTÉ, SIRE, et du SEXE respectable à qui tous nous devons la vie,

Le sujet fidèle et soumis, le fils, le frère affectueux, le serviteur respectueux et le plus dévoué.

BERNARD (GABRIEL), de Dijon.

A Paris, le 11 juin 1832.

NOTA BENE.

Des exemplaires du présent avis sont directement expédiés francs de port aux personnages. compris et classés comme suit en leurs catégories respectives.

PREMIÈRE CATÉGORIE.

A S. M. MARIE-AMÉLIE, REINE des FRANÇAIS, tant pour son Auguste Personne que pour la FAMILLE ROYALE DES FRANÇAIS dont elle est la souche (*).

A MESDAMES des HALLES, PLACES et MARCHÉS de Paris, à l'adresse de Mme GUILLOUX, marchande à la Halle au poisson, dite *la petite Reinette,* comme fille de feue LA BELLE REINETTE, de son vivant surnommée *aussi bonne que belle.*

A MESDAMES les ACTRICES des divers théâtres de Paris.

DEUXIÈME CATÉGORIE.

A S. M. LOUIS-PHILIPPE Ier, ROI des FRANÇAIS.
A l'INSTITUT national de FRANCE.
Au Président de la CHAMBRE ÉLECTIVE (pour la Chambre).
Au Président de la CHAMBRE DES PAIRS (*idem*).
Aux ex-ministres, MM. Jacques LAFFITTE et le vicomte DE CHATEAUBRIAND.
Aux principaux Journalistes, tant à Paris que dans les départemens.

(*) Cet envoi particulier accompagné d'une lettre *chargée* à l'adresse de la REINE et lui portant 1° l'hommage du type d'une MÉDAILLE devant devenir MONNAIE DE COURS à l'usage de la FEMME FRANÇAISE rentrée dans ses droits en 1832 ; 2° la prière de faire agréer au ROI, son auguste époux, semblable hommage du type d'une autre MÉDAILLE composée pour annoncer au monde les heureux présages de l'an 1827 ; 3° et enfin la prière encore de vouloir bien ordonner l'examen de certaines constructions algébriques *tombées du ciel,* aux mains de l'ignorance, et qu'elle suppose être les ÉQUATIONS GÉNÉRALES AUX ÉCOULEMENS.
Ce double envoi est réciproquement constaté en la suscription imposée sur chacun de ces objets matériels. *Naturæ rationur ad modus.*

Le trait est décoché...

Python ne saurait échapper nonobstant les foudres et les ténèbres
exhalées de ses putréfactions.